Comment Faire Tourner Les Conversations A Votre Avantage

Des Techniques De Communication Si Efficaces Qu'On Ne Pourrait Pratiquement Rien Vous Refuser !

Nary Andrian

Copyright © 2016 Nary Andrian

Tous droits réservés.

TABLE DES MATIÈRES

	Pourquoi ce livre ?	i
1	L'importance de votre confiance en vous-même	5
2	Devenez un expert de la nature humaine : les gens sont égoïstes avant tout	9
3	Devenez un expert de la nature humaine : flattez et complimentez sincèrement	13
4	Votre interlocuteur veut s'exprimer	15
5	Devenez un expert de la nature humaine : personne ne veut admettre être dans l'erreur	20
6	Etre à l'écoute	26
7	Soyez aussi clair que possible	27
8	Trouvez un intérêt à vous suivre	30
9	Pour conclure	31

POURQUOI CE LIVRE ?

Vous croyez sûrement que parler, discuter, avoir ou tenir une conversation est quelque chose de tout à fait naturelle pour les êtres humains que nous sommes et il se peut que – fort probablement – vous le fassiez depuis toujours sans trop y réfléchir.

Dans 80% des cas, nous ne portons que très peu d'attention sur ce que nous disons – et surtout – sur comment nous le disons. Nous parlons juste pour exprimer nos idées, nos opinions, demander quelque chose, répondre à quelqu'un, etc.

Dans ce livre, je vous invite à prendre du recul par rapport à cela. Je veux vous faire prendre conscience que – si on dit les choses de la façon la plus simple possible - vous pouvez faire mieux.

Faire mieux ? oui, si auparavant – par exemple – pour demander quelque chose à quelqu'un (une personne qui vous est familière surtout), vous allez juste s'adresser à lui et formuler vos phrases avec les premiers mots qui vous viennent à l'esprit.

Des fois vous avez eu du succès, des fois non. Vous n'avez peut-être jamais eu l'idée de compter le nombre de vos succès et de vos refus, et dans le cas de ces derniers, il est fort probable que vous attribuez souvent les causes à des facteurs externes à vous-même.

Sachez alors maintenant que vous pouvez largement améliorer vos chances d'obtenir ce que vous voulez en améliorant significativement votre manière de s'exprimer, et ce livre va vous aider pour cela.

L'art de communiquer avec autrui et de tirer pleinement parti des relations qu'on a ne s'improvise pas. Contrairement à ce que beaucoup de gens pensent, personne ne naît « beau parleur », ou encore personne n'est un expert inné dans l'art de convaincre les autres.

En fait, « l'art de parler » peut être maitrisé par tout le monde. Il faut juste connaître et appliquer des principes de base pour fructifier vos conversations, et ces principes sont simples, faciles et utilisables par n'importe qui.

Dans notre monde actuel ou il y a une « overdose » de communication, et que tout le monde est en permanence « bombardé » de messages (e-mail, téléphone, textos, radio, télévision, internet, la publicité, les amis, la famille, …), savoir communiquer et être efficace dans ses échanges verbales et écrites ne peuvent pas être négligés.

Les gens ont de moins en moins de temps à accorder pour écouter, lire ou discuter. Certaines personnes n'arrivent même pas à accorder des moments de conversation avec leurs familles. Ceux qui savent donc utiliser les mots à leur pleine puissance et à leur plein potentiel et qui savent capter l'attention des autres ont un grand avantage sur le reste des mortels.

On a de plus en plus tendance actuellement à juger et à évaluer autrui par les premiers mots qu'on entend. Si ces premiers mots « ne font pas le travail », aucune seconde chance n'est accordée.

L'attention des gens est énormément sollicitée de nos jours. Les études montrent qu'on est soumis à environ 60 000 messages publicitaires par jour ! Si bien qu'on a fini par développer des « boucliers », ou plus exactement des « filtres » qui « repoussent » sans ménagement tout ce qui ressemble, de près ou de loin, aux choses auxquelles on ne veut pas accorder du temps ou de l'intérêt.

Sans connaître les « principes de base » de l'art de la communication efficace, on part avec de gros handicaps :

- Les autres ne s'intéressent pas à ce qu'on dit

- On ne considère pas vos opinions ou on n'adhère pas à vos idées, et cela peu importe si vos idées sont géniales ou pas.

- On ne vous écoute pas, peu importe si ce que vous dites est intéressant ou pas, que vous ayez raison ou pas.

Attention quand même, il ne s'agit pas de recenser toutes les causes possibles d'un résultat que vous obtenez. Envisager tous les cas possibles est une grave erreur et cela ne vous fera que perdre votre temps.

Nous allons suivre le précepte suivant (élaboré par un expert de la vente, une personne devenue extrêmement compétente dans l'art de convaincre les autres) :

« Considérés individuellement, les individus constituent des puzzles insolubles – tandis que considérés en masse, ils deviennent des évidences ».

Cela veut dire que :

1) Vous devez à partir de maintenant « comptabiliser » vos résultats, compter le nombre de vos succès et de vos échecs.

2) Vous ne devez pas (trop) vous soucier des cas individuels – puisque il se peut que vous ne puissiez jamais connaître un facteur particulier qui a contribué à un résultat.

3) Ne jamais envisager la réaction d'un individu en particulier – et toujours envisager la réaction d'un groupe ou de l'ensemble de la population.

« Ne jamais se soucier de ceux qui se détournent, quand la majorité suit »

Si vous vous concentrez sur la majorité et que vous vous y appliquez pour obtenir un résultat positif, vous deviendrez rapidement plus efficace dans l'art d'utiliser les mots. Mais si vous vous prenez la tête à essayer de comprendre des cas individuels, vous risquez fort de ne pas pouvoir avancer et de tourner incessamment en rond.

Aujourd'hui plus que jamais, vous avez besoin de cette compétence !

Dans tous les domaines qui existent aujourd'hui : la presse, la publicité, la politique, le monde du travail, etc. Le besoin d'avoir des communicateurs efficaces prend de plus en plus d'importance.

Informer ne suffit plus, il faut aussi savoir motiver.

L'économie est basée sur l'échange de biens et de services : savoir convaincre n'est plus seulement un atout, c'est devenu une nécessité.

Obtenir ce qu'on veut : un travail, un contrat, un client, un dédommagement, un remboursement, ... ne peut se faire sans utiliser des mots. Savoir les utiliser pour obtenir le maximum d'efficacité est un atout qui vous propulsera bien au-dessus de vos concurrents.

Beaucoup de choses ont changé, des empires se sont dressées, des fortunes se sont créées, pas seulement avec des trouvailles, des idées et un dur labeur, mais aussi par des mots et des discours savamment composés et qui ont enthousiasmé les foules.

Il est maintenant temps pour vous de découvrir aussi les secrets de la puissance des mots !

L'IMPORTANCE DE VOTRE CONFIANCE EN VOUS-MÊME

« Même si personne n'est d'accord avec vous, cela ne veut pas toujours forcément dire que vous avez tort ».

La première chose à faire si vous voulez améliorer considérablement votre communication avec les autres est de cultiver et de renforcer votre confiance en vous-même.

S'il est facile pour les autres de vous faire douter de vous, si vous perdez confiance à chaque petite brindille qui vous suggère une lacune en vous, alors apprendre à maîtriser les mots ne sert à rien.

Avoir confiance en soi ne veut pas dire être fermé et n'écouter personne. Avoir confiance en vous-même c'est reconnaître à la fois vos qualités et vos défauts, tout en sachant mettre en avant ses qualités et accepter ses défauts pour pouvoir y palier.

Avoir confiance en soi c'est de ne pas se considérer inférieur ou supérieur à n'importe qui d'autre. Avoir confiance en soi c'est prendre conscience que tout le monde est pareil tout en ayant ses propres différences. Tout le monde a la même valeur, mais tout le monde n'agit pas et ne pense pas de la même manière.

Avoir confiance en soi c'est de se concentrer surtout sur ce qu'on peut apporter de positif, sur ce qu'on peut faire bien ou très bien, et pas sur ce qu'on peut poser comme problème, ou ce qui pourrait mal tourner.

Avoir confiance en soi c'est se croire capable. Et dans les situations où ce n'est pas le cas, de toujours s'améliorer pour le devenir.

Avoir confiance en soi c'est de pouvoir reconnaître que la personne que êtes aujourd'hui n'est pas toujours celle que vous étiez hier, et que ce que vous serez demain ne dépend que de vous.

Avoir confiance en soi c'est de se dire « je décide de faire ceci de mon plein gré en croyant fermement que je peux le faire et cela quelles que soient les circonstances ».

Comment acquérir la confiance en soi ?

Le manque de confiance en soi provient surtout d'un « ensemble » d'influences qui se sont exercées régulièrement durant la vie ou une partie de la vie d'un individu.

Cela a pu être pendant l'enfance, l'adolescence ou même pendant la vie d'adulte. Des expressions comme « tu n'es qu'un bon à rien ! », « tu ne sais rien », « tu n'y arriveras jamais », … répétées un bon nombre de fois ont vite fait de détruire la capacité d'une personne à croire en elle-même.

Ou aussi des cas d'échecs pris trop sérieusement par la personne ou son entourage : un enfant qui a raté son examen, par exemple, ou qui redouble sa classe, et ses parents qui dramatisent énormément sur la situation.

En fait, on naît avec une bonne dose de confiance en soi enrichie d'une bonne estime de nous-mêmes, mais ce sont les influences négatives que nous subissons qui éliminent petit à petit cette confiance.

Si vous manquez de confiance en vous-même, il est important que vous fassiez une auto-analyse sur vous-même et sur votre vie passé pour connaître les causes. Connaître et accepter les causes constituent déjà la moitié de la procédure pour rétablir entièrement votre confiance en vous-même.

Quand vous avez identifié les causes qui ont provoqué votre manque de confiance en vous-même, il ne s'agit pas « d'en vouloir » aux personnes qui étaient responsables. L'important c'est que vous soyez conscient des causes, oubliez les personnes impliquées ou mieux, pardonnez-les.

Avoir identifié les causes va vous permettre de « briser les chaînes » par lesquelles vous avez été lié, et cela en prenant une décision ferme d'y mettre un terme une bonne fois pour toutes.

Par exemple : vous avez perdu votre confiance en vous parce que – étant jeune – on vous a toujours traité de « maladroit » ou d' « incapable » (par exemple).

Vous avez identifié la cause, maintenant, prenez une feuille de papier et écrivez :

« A partir d'aujourd'hui (mettez la date), je me considère comme une personne habile et entièrement capable d'accomplir ce que je veux accomplir »

Lisez cette phrase à haute voix, répétez-la plusieurs fois jusqu'à ce que vous sentez bien les mots s'incruster dans votre tête et dans votre cœur.

Dans votre cœur, oui, parce que vous devez ressentir l'émotion de ne plus être la personne que vous étiez avant. Vous êtes maintenant une nouvelle personne, une personne libre des croyances qui l'ont limitée, une personne qui a pleinement confiance en elle-même !

Répétez la phrase ci-dessus à haute voix 3 fois par jour pendant 21 jours. S'il y a des jours où vous oubliez ou que vous ne l'avez pas fait, ne continuez pas mais recommencer un nouveau cycle de 21 jours.

3 fois par jour pour que votre esprit s'imprègne bien de l'affirmation et que cela constitue une influence puissante qui « balaie » les influences qui vous ont paralysé, et 21 jours parce que c'est le nombre de jours nécessaires pour qu'une habitude s'installe.

L'habitude ? oui, parce que ce sont les habitudes qui régissent notre vie. Vous avez pris l'habitude de ne pas avoir confiance en vous-même, et maintenant vous prenez l'habitude de vous faire confiance !

La qualité de notre vie dépend de la qualité de nos habitudes. Si notre vie est remplie de soucis, de difficultés et de problèmes, c'est que nous avons plus de mauvaises habitudes que de bonnes.

Et inversement, si notre vie s'écoule paisiblement, et que nous jouissions d'une bonne santé, que nous avons peu ou pas de soucis et de problèmes, c'est que nous avons en majorité de bonnes habitudes.

Une habitude bien ancrée est difficile à « déloger » (mais heureusement, ce n'est jamais impossible !), mais vous devez toujours identifier vos mauvaises habitudes (au moins celles qui produisent des effets qui posent de sérieux problèmes) et les éliminer en les remplaçant par les bonnes habitudes qui y sont opposées.

Parmi ces habitudes qui vous « pourrissent » la vie se trouve l'habitude à douter de soi-même ou ne pas avoir confiance en soi, cela – non seulement pose problème dans vos communications – mais aussi sera source de frustration.

La timidité ou la difficulté à s'exprimer et à s'affirmer est un signe du manque de confiance en soi, mais il y a aussi des personnes qui ne souffrent pas de timidité mais qui ont de graves problèmes de confiance en elles-mêmes.

Se trouver « inadéquat », « incapable », voire même « inférieur » sont des signes d'un manque de confiance en soi, même si la personne ne semble souffrir d'aucune timidité.

L'échec n'est jamais très loin quand une personne perd confiance en elle-même. Les chefs et les leaders perdent de leur influence, de leur pouvoir et de leur autorité quand ils commencent à douter d'eux-mêmes, et c'est aussi par cette assurance et cette confiance en eux qu'ils peuvent exercer une influence sur les personnes qui les suivent.

DEVENEZ UN EXPERT DE LA NATURE HUMAINE : LES GENS SONT ÉGOÏSTES AVANT TOUT

Les idéalistes éprouvent une grande déception en faisant cette constatation : tout le monde est naturellement et profondément égoïste, même ceux qui œuvrent pour les autres.

On ne parle pas ici de l'égoïsme au sens « poussé » du terme : comme par exemple être aveugle devant les malheurs ou les catastrophes qui surviennent aux autres, mais plutôt d'un égoïsme inconscient qui s'applique à notre propre personne.

Expliquons cela : par exemple, quand vous prenez une photo avec un groupe et qu'on vous montre la photo après, quelle personne recherchez-vous en premier dans l'image ? vous-même !

De même, écoutez un peu les discussions autour de vous : vous verrez que la majorité des personnes, quand elles s'expriment, utilisent souvent des mots comme « je », « mon », « nous », « mes », …

Le « je » est le mot le plus prononcé au téléphone. Cela veut dire que nous aimons bien exprimer notre « ego », nous voulons attirer l'attention sur nous, volontairement ou non, consciemment ou non.

Notre « ego », si on le laisse faire, va nous pousser à parler de nous, à exprimer et à imposer nos avis, va nous pousser à parler de ce qui nous intérese.

Vous aussi, qui que vous soyez, vous êtes pareil. Vous avez aussi votre ego, et vous aimez aussi l'exprimer, le flatter, comme tous les autres.

Mais ce n'est pas un problème, au contraire, il est bon pour vous de prendre conscience de votre ego et de celui des autres, puisque cela va vous servir pour faire tourner les conversations et les discussions à votre avantage.

L'ego d'un interlocuteur peut et doit être utilisé pour vous permettre de tirer parti d'une discussion. Comment le faire donc ? en fait, vous l'avez peut-être déjà deviné : votre interlocuteur veut tout simplement entendre ce qu'il aime entendre.

Et qu'est-ce qu'il aime entendre ? encore une fois, c'est simple : des choses qui le concerne, des choses qui l'intéresse, il aime entendre parler de lui.

Pour un vendeur, le « vous » est le mot le plus important de son vocabulaire. Un vendeur qui n'utilise que rarement le mot « vous » est sûr de ne pas faire une brillante et longue carrière dans la vente.

Revenons un peu à vous qui lisez ce livre en ce moment : levez pendant un moment vos yeux du livre et réfléchissez. Vous aussi, vous agissez exactement pareil.

Vous êtes plus attentif quand quelqu'un vous parle de vous, ou d'une chose qui vous concerne, ou d'une chose que vous croyez vous concerner.

Vous êtes plus attentif quand vous entendez parler d'un sujet qui vous intéresse. Vous aimez entendre des discussions ou des conversations concernant vos passions, vos centres d'intérêt.

Vous avez des disques des chanteurs que vous aimez, et probablement vous avez peu ou pas de disques de chanteurs dont vous n'aimez pas ou peu les chansons.

Je répète toujours que ce n'est absolument pas un problème. D'ailleurs c'est tout naturel. N'allez pas vous flageoler parce que vous vous êtes rendu compte que vous avez un bon ego ! L'important c'est juste d'en être conscient et d'être conscient aussi que tout le monde agit de même.

Attirer l'attention d'une ou plusieurs personnes pour être écouté attentivement

Quand vous voulez donc attirer l'attention d'un individu ou d'un groupe et que vous voulez qu'ils soient bien attentifs à ce que vous allez dire, comment allez-vous faire ?

Vous devez débuter la conversation en mettant l'accent sur lui-même (ou sur eux-mêmes, s'il s'agit d'un groupe), ou encore vous devez parler d'un sujet que vous savez intéresser au plus haut point la ou les personnes à qui vous vous adressez.

Et pour continuer à maintenir l'intérêt et l'attention, vous devez toujours continuer de façon à ce que ce que vous dites les concerne toujours.

Quand votre interlocuteur s'aperçoit que la discussion ne le concerne plus, il va perdre l'intérêt. Par politesse, il peut toujours continuer la conversation avec vous, mais vous l'avez quand même bel et bien perdu.

Mettez toujours ce que vous avez à dire en relation avec votre interlocuteur. Exposez en quoi une chose sur laquelle on discute le concerne. Placez votre interlocuteur en tant qu'acteur dans ce qui se discute et non pas en tant que spectateur passif.

Rappelez-vous toujours que tant que l'ego de votre interlocuteur est sollicité, il continuera à porter un vif intérêt à la discussion et à vous accorder son intention. Faites donc bien attention à ce que votre propre ego ne s'interfère au sien.

Ce qui veut tout simplement dire : parlez le moins possible de vous, et ne parlez de vous que si c'est absolument nécessaire.

Et si vous devez vraiment parler de vous, parlez de vous de façon à bien exposer que ce que vous dites concerne aussi votre interlocuteur.

Pendant un discours, Adolf Hitler a parlé de la période de sa vie où il a vécu dans la misère et dans l'injustice, mais son but n'était pas d'exprimer son ego mais bel et bien de s'adresser à celui de son audience. Il a parlé de lui de façon à ce que son audience se reflète dans son histoire.

Son auditoire a capté le message comme : « voici un homme qui a vécu ce que nous vivons, une personne qui peut vraiment nous comprendre ! ».

Voilà une manière bien astucieuse d'attiser l'intérêt et de captiver son audience (bien sûr, je ne dis pas qu'Hitler est un exemple à prendre sur tout !).

Cette technique qui consiste à parler de soi mais de manière à ce que les personnes à qui on s'adresse puisse s'y refléter s'appelle « l'auto-témoignage ». C'est une manière indirecte, mais très efficace, pour instaurer un lien fort entre vous et votre interlocuteur.

Faites tout de même attention : si votre interlocuteur ou votre audience ne peut pas se refléter dans votre histoire, vous allez le perdre. La technique de l'auto-témoignage implique donc que vous connaissez bien votre interlocuteur ou votre audience, que vous savez ce qui le motive.

Si vous n'en êtes pas absolument certain, n'utilisez pas l'auto-témoignage, préférez plutôt mettre l'accent sur les choses que vous savez le concerner ou par lesquelles il est intéressé.

DEVENEZ UN EXPERT DE LA NATURE HUMAINE : FLATTEZ ET COMPLIMENTEZ SINCÈREMENT

La Fontaine l'a déjà mentionné il y a bien des années dans ses fameuses fables : l'être humain est sensible aux flatteries et aux compliments.

Un travailleur exécute sa tâche quotidiennement pour l'argent – bien sûr – mais il travaille aussi surtout pour la reconnaissance.

Les meilleurs chefs et les meilleurs dirigeants ont bien compris cette facette de la nature humaine. Napoléon a affirmé que « les hommes sont prêts à risquer leur vie pour un ruban » et ses meilleurs généraux étaient aussi célèbres que lui.

Les meilleurs leaders dans l'histoire savaient toujours s'effacer pour laisser le devant de la scène à leurs subordonnés pendant les moments de gloire et de triomphe. Ces dirigeants sages et intelligents savaient qu'il n'y a rien de mieux pour motiver les troupes et obtenir leur loyauté.

Pour obtenir ce que vous voulez d'une personne ou pour faire tourner une discussion ou une conversation à votre avantage, il vous faut donc savoir flatter et complimenter votre interlocuteur ou votre audience.

Mais attention, flatter et complimenter juste pour flatter et complimenter ne vous mènera à rien. Il faut que vous le fassiez pour une bonne raison et pour une raison évidente : tout le monde aime recevoir des compliments, mais cela va se « sentir » très vite si vous complimentez juste parce que vous avez une idée derrière la tête !

Vous devez être sincère. Un compliment vraiment sincère et qui est justifié touche énormément les gens qui ne désirent après qu'une chose : comment vous retourner la faveur. De ce fait, il est prêt à vous accorder ensuite toute son attention.

Edwin Barnes, pauvre et inconnu, avait beaucoup d'admiration pour l'inventeur Thomas Edison, dont la renommée était parvenue jusque dans sa ville lointaine. Venu rencontrer l'inventeur, il a tout simplement dit « qu'il est venu faire affaire avec le grand Thomas Edison », et ce dernier a ainsi accepté de le recruter.

Des personnes bâtissent des centres, des foyers ou des établissements qui portent leurs noms, parce que les œuvres qui portent leurs noms sont des signes de reconnaissance. On peut investir des millions et beaucoup de moyens juste pour avoir son nom connu et remémoré pour la postérité.

Des entreprises portent le nom de leur fondateur, toujours pour cette quête de la reconnaissance devant un accomplissement.

Quand vous êtes devant votre interlocuteur et que vous lui montrez que vous vous rappelez parfaitement de son nom, c'est aussi un signe pour lui que vous lui accordez de l'importance et il est plus enclin à vous accorder son attention. Il prend l'importance que vous lui donnez comme de la reconnaissance.

Faire sentir à votre interlocuteur ou à votre audience qu'il a de l'importance à vos yeux vous aide grandement dans vos discussions et dans vos conversations. Mais rappelez-vous toujours, cela doit se passer de tout artifice et ne tentez surtout pas de « manipuler » les choses.

VOTRE INTERLOCUTEUR VEUT S'EXPRIMER

Peu importe à quel point ce que vous dites est intéressant, ou ce que vous dites est vrai, après une certaine durée de temps, votre interlocuteur ne désire plus qu'une chose : parler à son tour.

S'il désire s'exprimer et qu'il n'a pas l'occasion de le faire, le résultat est simple : il va se désintéresser et vous allez le perdre. Il peut ne pas exprimer son envie de parler ou tout simplement ne pas oser le faire, mais cela ne change rien à son désir de s'exprimer.

Vous devez donc bien mesurer votre temps de parole. Bien sûr, il n'y a pas de règles précises sur combien de minutes vous pouvez parler avant de céder la parole à votre interlocuteur, cela dépend de plusieurs facteurs, mais il vous faut le faire.

Dans le cas où vous parlez à une audience, cela s'applique également. Invitez et permettez les personnes du groupe à s'exprimer, ordonnez juste les prises de parole au cas où plusieurs personnes veulent s'exprimer en même temps.

Dans une vente en face à face avec le prospect, la durée idéale pour l'argumentaire du vendeur est de 3 minutes. Après 3 minutes, le prospect doit agir (prendre et examiner le produit, l'essayer, …) ou doit parler (poser des questions, exprimer son avis, …).

Si vous parlez trop longtemps sans donner l'occasion à votre interlocuteur de participer, il va s'ennuyer. Attention, même si ce que vous dites le concerne, même si vous le parlez de lui, même si le flattez ou le complimentez, il va toujours s'ennuyer, et quand il s'ennuie, il va comme devenir « imperméable » à ce que vous lui dites.

L'erreur à ne surtout pas faire donc, c'est de « rallonger » vos propos et de dire plus que ce qu'il est nécessaire de dire. Si vraiment vous avez beaucoup de choses à dire, espacez votre temps de parole en alternant avec du temps où votre interlocuteur ou votre audience s'exprime.

La meilleure façon de faire – aussi étonnant que cela puisse paraître – c'est d'être aussi bref que possible, tout en restant clair, précis et bien compréhensible par votre interlocuteur.

En plus, en agissant ainsi, vous montrez que vous respectez le temps dont dispose votre interlocuteur et votre audience et que vous ne voulez surtout pas lui faire prendre de son temps plus qu'il n'en faut.

Dans notre société moderne où tout va très vite, beaucoup de personnes n'ont pas suffisamment de temps à vous accorder. Parfois, si vous n'êtes pas capable de formuler ce que vous avez à leurs dire en 5 minutes, vous ne pourrez jamais les solliciter.

Il vous faut donc apprendre à « résumer » vos discours pour s'adapter au temps dont dispose votre interlocuteur. Bien sûr, il ne s'agit pas aussi d'éliminer l'essence même de ce que vous avez à dire ! gardez ce qui est le plus important, et éliminez ce qui peut l'être.

Si vraiment cela s'avère impossible, il vous faut alors tout d'abord exposer une chose qui va éveiller au plus haut point l'intérêt et la curiosité de votre interlocuteur, et tout de suite après d'arranger une seconde entrevue où vous spécifiez immédiatement que vous avez besoin de telle ou telle durée de temps.

Par exemple : supposons que vous avez une idée de projet que vous trouvez absolument géniale et que vous voulez soumettre cela à un supérieur. Le problème c'est qu'exposer votre idée demande une heure – par exemple – et que vous savez que votre supérieur est tellement occupé qu'il ne peut vous accorder au mieux que 5 minutes.

Dans ce cas, pendant les 5 minutes que le chef vous donne, vous n'exposez pas votre idée mais vous éveillez juste son intérêt et sa curiosité au plus haut point concernant votre idée.

Bien sûr, jouez la carte de la franchise et de la transparence, dites « j'ai besoin d'une heure pour vous exposer les détails de cette idée, c'est pourquoi je ne peux juste que vous montrer maintenant les avantages et les bienfaits que l'application de cette idée va apporter ». Si vous arrivez vraiment à exciter son intérêt au plus haut point, il se pourrait même parfaitement que l'entrevue de 5 minutes s'allonge pour atteindre les 60 minutes dont avez besoin !

Le souci du temps

La peur N°1 des personnes occupées n'est pas de dépenser du temps, non, du matin au soir elles ne font que cela : dépenser leur temps. Leur plus grande peur, c'est de perdre du temps.

Perdre du temps, c'est de passer du temps sur des choses qui ne les intéressent pas, qui ne les amusent pas, ou qui ne leurs rapportent aucun bénéfice. Si elles passent du temps sur des choses qui les intéressent, qui les amusent ou qui leurs procurent un certain bénéfice, elles ne considèrent pas cela comme du temps perdu.

Donc adressez-vous à votre interlocuteur comme si ce dont vous allez lui dire va l'intéresser, l'amuser ou lui procurer un bénéfice. Bien sûr, connaître tout d'abord au préalable les intérêts et les aspirations de votre interlocuteur aide grandement pour cela.

Quand votre interlocuteur s'ennuie, parce que votre discours est inutilement long, ou que cela ne l'intéresse pas suffisamment, ou qu'il ne voit pas en quoi cela peut lui être bénéfique, il s'estime déjà en train de perdre son temps et c'est très mauvais pour vous.

Invitez les autres à s'exprimer

Une fois que le laps de temps que vous vous êtes alloué est écoulé – invitez carrément votre interlocuteur à parler, même s'il ne montre pas le désir de le faire.

Si votre interlocuteur montre aussi des signes de distraction ou d'ennui (son regard dévie de vous pour se balader, il joue avec ce qu'il a dans les mains, il tapote du pied, …), arrêtez-vous immédiatement et invitez-le tout de suite à parler.

Si vous constatez que vous perdez son attention, évitez les questions du genre « vous me suivez ? ». Remettez-le tout de suite dans le sujet par des questions comme : « jusqu'à maintenant, comment trouvez-vous cette idée ? », « qu'est-ce que vous suggérez sur cette chose ? », etc.

La question : une astuce très efficace

Non seulement la question force littéralement votre interlocuteur à remettre son attention sur la conversation, mais aussi c'est un excellent moyen pour « mesurer la température ».

C'est par des questions que vous pouvez en quelque sorte « mesurer » l'attrait ou l'intérêt de votre interlocuteur sur le sujet de la discussion.

Les réponses que votre interlocuteur va donner vous donnent de précieuses indications : à quel point il est intéressé ? est-il enthousiaste ou plutôt « froid » ? peut-il être votre allié ou veut-il prendre ses distances ?

Les réponses vous permettent donc « d'aiguiller » la discussion selon le « feed-back » (ou le retour, si vous préférez) reçu de votre interlocuteur.

Invitez et laissez votre interlocuteur ou votre audience parler aussi longtemps qu'il le veut, et écoutez attentivement. Ne soyez jamais pressé de répondre ou de prendre de nouveau la parole même si l'envie de le faire vous titille.

Plus votre interlocuteur s'exprime, plus vous avez des chances de connaître exactement et de manière précise ses avis et ses points de vue sur le sujet, et cela va énormément vous aider pour la suite de la conversation.

Forcez-le discrètement et indirectement à se dévoiler complètement, ou autant que possible. Quand vous connaissez exactement ses positions, vous pouvez ainsi savoir si continuer la discussion est utile ou que vous ne devrez plus perdre votre temps à discuter.

Posez des questions « ouvertes » : les questions ouvertes sont les opposées des questions dites « fermées » (oui, cela vous l'avez deviné) qui peuvent être tout simplement répondues par des « oui » et des « non ». Une question ouverte appelle des réponses longues et détaillées, voici par exemple des questions ouvertes:

« Quels sont vos avis et suggestions sur cette proposition ? »

« Comment trouvez-vous l'application de cette idée au sein de notre organisation ? »

Et une chose qui n'est pas des moindres : quand votre interlocuteur parle à son tour, vous pouvez en profiter pour vous reposer !

Les conférenciers et les orateurs savent très bien que parler pendant des heures fatigue ! Quand vous vous accordez régulièrement des pauses, vous contrôlez la fatigue et vous n'allez pas réduire vos « performances » et votre concentration.

Bien sûr, ne montrez pas à votre audience que vous vous reposez ! éliminez toute distraction (mais vous pouvez boire une verre d'eau sans problème) et surtout écoutez toujours votre interlocuteur avec attention. Rappelez-vous, c'est le moment où il se dévoile, vous ne devez pas en perdre une miette !

DEVENEZ UN EXPERT DE LA NATURE HUMAINE : PERSONNE NE VEUT ADMETTRE ÊTRE DANS L'ERREUR

Vous l'avez peut-être déjà remarqué dans les débats, dans les discussions, etc, le plus souvent – quand une personne attaque une autre ou lui reproche ouvertement quelque chose, celle-ci riposte immédiatement et se défend de toutes les manières possibles.

Et cela, peu importe si la reproche ou la critique est justifiée ou non. Dès que quelqu'un montre du doigt une erreur de notre part, nous nous mettons automatiquement sur la défensive, nous voulons à la limite exposer que « c'est aussi la faute à … », ou que « c'est à cause de … », et cela – je le répète encore – indépendamment du fait que la critique ou les raisons que nous avançons sont fondées ou pas.

Qu'est-ce que cela nous montre ? c'est simple : attaquez une personne, exposez-lui ouvertement une erreur (grande ou petite) de sa part, et vous pouvez être certain de la voir faire tout son possible pour se défendre et « sauver la face », surtout publiquement.

Et si les autres réagissent comme cela, vous aussi, vous réagissez pareil dans au moins 90% des cas.

Quand une personne se sent attaquée et fait tout pour se défendre, vous pouvez aussi être sûr qu'elle ne se concentre plus que sur cela, sur « sauver la face », et qu'elle ne se soucie plus d'autre chose.

Donc, quand une personne est dans cette situation, vous pouvez aussi être certain qu'elle ne peut plus être votre « alliée » pour ce qui se discute. La personne ne peut plus rien apporter de bénéfique à la discussion jusqu'à ce qu'elle sorte de cet état, et les chances sont vraiment moindres pour qu'elle sorte de cet état avant la fin de la discussion.

Vous n'avez donc rien à gagner en faisant des reproches ou en critiquant une personne avec laquelle vous discutez, à moins bien sûr que votre unique but dans la discussion est bien sûr de lui reprocher ce que vous avez à lui reprocher.

Pire encore, il se peut que la personne, se sentant visée et attaquée, ait aussi l'idée de vous « ramener » au même niveau qu'elle, c'est-à-dire elle va aussi tenter de vous retourner la « pareille », en cherchant une erreur de votre part à exposer ou un point sur lequel elle va vous attaquer.

Vous pouvez peut-être dire : « mais si vraiment on veut lui faire prendre conscience de ses erreurs ? au moins pour qu'il évite de les répéter ? ».

Dans ce cas, consacrez vraiment une conversation entière avec la personne seule pour cela. Ne mêlez pas cela à une conversation dont le but est autre, sinon vous allez droit au désastre.

Ce fait de reprocher une chose à autrui est vraiment néfaste surtout publiquement, ou devant d'autres personnes, qui participent à la discussion ou non.

Tout le monde a son orgueil, sa petite fierté qui ne supporte pas d'être mise à mal. Quand cela se produit, la personne ne pense plus à rien d'autre et n'a plus comme objectif que de sauver son image, et elle peut aussi faire cela à vos dépens, sans parler du fait qu'elle ne peut plus être objective ni impartiale.

Evitez donc de dire aux autres qu'ils sont dans l'erreur, surtout publiquement. Si l'envie vous prend de le faire, arrêtez-vous un instant et réfléchissez-y : en quoi lui exposer son erreur vous aiderait à atteindre votre objectif dans la discussion ? et croyez-moi, dans 99% des cas, cela ne vous aidera en rien !

S'il devient vraiment une nécessité absolue de faire prendre conscience d'une personne de son erreur (la personne est votre employé, par exemple, et qu'elle vous cause vraiment du tort par son agissement, et que vous voulez que cela cesse), alors prenez la personne à part, bien loin des autres, et parlez-lui franchement.

N'y allez pas par quatre chemins et exposez-lui brièvement mais très clairement que son ou ses erreurs vous font vraiment du tort et que vous attendez qu'il change sa façon de faire sous peine d'être sanctionné.

De cette manière, la personne ne considère plus cela comme une attaque de votre part, mais comme vraiment votre réelle volonté d'améliorer les choses. Amenez et exposez des preuves. Elle vous comprendra, ne vous en voudra pas et prendra conscience de sa responsabilité.

Et si c'est vous qu'on critique ?

Vous savez maintenant la réaction « naturelle » de la majorité des gens envers les attaques, les reproches et les critiques, alors surprenez les autres en réagissant différemment quand c'est vous qui êtes la cible de reproches.

En vous attaquant, on s'attend – consciemment ou inconsciemment – que vous réagissez exactement comme la majorité des mortels, c'est-à-dire que vous allez immédiatement riposter et tout faire pour redorer votre image.

En agissant exactement de la manière opposée, vous déstabilisez votre attaquant qui peut même finir par se demander si vous avoir attaqué était la meilleure chose à faire.

Gardez toujours en tête votre objectif en tenant la conversation ou la discussion que vous êtes en train de tenir. Riposter et vous défendre coûte que coûte va vous faire dévier de votre objectif ou carrément ruiner vos chances de l'atteindre.

Réagissez donc positivement quand on vous attaque. Analysez les choses de manière impartiale : la critique est-elle fondée ou pas ? votre « attaquant » a-t-il raison ? si oui, sur quel point a-t-il raison ? sur quel point il n'est pas crédible ?

Si la critique est fondée et justifiée, acceptez et reconnaissez sincèrement qu'elle l'est et remerciez la personne qui vous l'a faite, sinon, exposez et prouvez bien à l'audience que la critique n'a aucun fondement mais surtout n'en profitez pas pour riposter sur votre attaquant ou attaquer quelqu'un d'autre. Passez brièvement et rapidement sur le sujet et passez immédiatement à autre chose.

En réagissant ainsi, vous montrez que vous êtes quelqu'un qu'on ne peut pas déstabiliser facilement (ou même qu'on ne peut déstabiliser du tout !) et vous restez maître de la discussion. Cela impose le respect chez votre interlocuteur, ce qui va vous aider à atteindre votre objectif dans la discussion.

De cette manière, vous montrez aussi que vous ne vous surestimez pas, et qu'en quelque sorte, vous savez garder votre humilité. Pour les gens, c'est très bon signe et ils sont plus enclins à vous faire confiance et à réagir positivement à vos demandes.

Invitez les critiques

L'idéal – quand vous avez acquis une bonne expérience dans l'art de la conversation – est même d'inviter les autres à émettre des critiques à votre endroit. Bien sûr, vous spécifiez bien que seules les critiques objectives, constructives et bien fondées seront considérées.

En agissant ainsi, votre but n'est pas bien évidemment de montrer votre compétence en « traitement de critiques » mais tout autre : utiliser votre ou vos interlocuteurs pour trouver toutes les failles de votre proposition.

En tant qu'être humain (et imparfait !) vous ne pouvez pas être conscient de toutes les lacunes que comporte une proposition que vous voulez voir acceptée. Et il se peut aussi que vous êtes vous-même trop enthousiaste (on dit aussi « trop près ») pour pouvoir les voir, c'est pourquoi les autres sont utiles parce qu'ils peuvent considérer votre proposition avec une certaine distance.

N'ayez pas peur que - si on trouve des failles à votre proposition, elle n'a plus de chances d'être acceptée ! Au contraire, tout le monde sait que rien n'est parfait, et mieux encore, si tout le monde a participé à améliorer ou à « rendre parfait » quelque chose qui ne l'était pas, alors la proposition a toutes les chances d'être adoptée.

En trouvant le maximum de failles à votre proposition, et en y apportant des réponses, vous améliorez continuellement votre proposition que finalement elle sera tellement irrésistible qu'il sera impossible de la refuser.

Et rappelez-vous toujours de ce qu'on a vu plus haut dans ce livre : plus vous invitez les autres à exposer leurs avis, leurs critiques, ... plus vous les forcez à se dévoiler. Vous aurez une idée de plus en plus précise de qui peut être votre allié, et sur qui vous ne pouvez pas compter (voire même qui peut se dresser comme obstacle sur votre chemin !).

Cela vous aidera à préparer vos actions futures et à ajuster votre stratégie.

Comme si l'idée venait des autres …

Cela nous amène à l'idée suivante : si vous voulez faire accepter votre proposition, faites en sorte que l'idée ou une partie de l'idée semble venir de votre ou de vos interlocuteurs.

Bien sûr, l'idée originelle vient de vous, mais vous l'exposez en disant, par exemple : « voici mon idée, quelles sont vos propositions pour l'améliorer ? ». Si tout le monde se prend au jeu, votre idée sera certainement accepté (et on vous félicitera après, puisque c'est de vous qu'est parti l'idée !).

N'imposez jamais un point de vue unique

Dans le célèbre ouvrage « Les 7 habitudes des personnes très efficaces », l'auteur Stephen Covey montre l'exemple de l'image qui peut être interprétée de deux façons : les uns voient une belle jeune femme arborant un bijou, et les autres voient une vieille femme au visage ridé et fatigué.

Cela démontre que les choses peuvent être vues de manières radicalement différentes voire même opposées, mais curieusement aucun de ces points de vue n'est erroné.

C'est comme aussi l'exemple du verre à demi-plein ou à demi-vide : les deux affirmations sont vraies, alors qu'elles sont opposées.

Donc même si vous êtes profondément convaincu d'une chose : abstenez-vous d'imposer catégoriquement votre point de vue. Ce n'est pas qu'un point de vue diffère du vôtre qu'il est faux, ou que si un point de vue différent est juste que cela veut dire que le vôtre est faux.

Les meilleurs leaders et dirigeants n'imposent jamais à leurs subordonnés une manière précise et détaillée de faire une tâche : ils indiquent juste le résultat final qu'ils veulent obtenir et laissent à l'exécutant le choix de trouver la façon et la manière d'y parvenir.

Un problème peut être solutionné de plusieurs manières, et vous devez être toujours conscient que quelqu'un d'autre a peut-être une meilleure solution que la vôtre.

Il est très important de savoir mettre sa fierté, son orgueil et son ego de côté. Entraînez-vous à voir les choses de manière impartiale, ne perdez pas de vue votre objectivité.

Vous ferez ainsi partie de la faible minorité des personnes qui imposent le respect en savant contrôler efficacement leur ego. Ces personnes sont de très bons leaders, elles gravissent les échelons à toute vitesse et réussissent facilement parce qu'elles motivent énormément et efficacement les gens qui sont à leur contact.

ETRE À L'ÉCOUTE

Nous avons vu précédemment que vous devez inviter les autres à se « dévoiler » autant que possible, pour connaître ce qu'ils ont en tête et ainsi pouvoir vous « ajuster » pour arriver à vos fins.

Et tout cela n'est possible que si vous écoutez bien les gens.

Si vous ne les écoutez pas ou les écoutez mal, en n'y mettant pas toute votre attention et votre concentration, il ne sert à rien de les faire s'exprimer, puisque de toute façon vous n'allez rien retenir.

L'erreur de beaucoup de personnes est qu'elles sont pressées de répondre ou de parler. Agissez de façon contraire, laissez les autres parler aussi longtemps qu'ils veulent, assurez-vous qu'ils « déballent vraiment tout » et n'en perdez pas une miette.

Montrer qu'on est à l'écoute des autres est aussi un signe de respect qu'on apprécie et qu'on rencontre rarement. Cela vous aide à gagner le cœur de votre interlocuteur ou de votre auditoire.

SOYEZ AUSSI CLAIR QUE POSSIBLE

Certaines personnes perdent leur audience non pas parce que leur proposition est inintéressante ou que leur audience n'est pas motivée, non, c'est parce que ce qu'elles ont transmis n'a pas été compris.

Il vous faut suffisamment connaître votre auditoire pour savoir quel langage elle est le plus apte à comprendre. Si vous êtes un académicien et que vous vous adressez à la masse populaire, vous ne serez compris qu'en employant des mots et des expressions simples, et non pas avec un jargon littéraire de haut niveau.

Descendez au niveau de votre audience, privilégiez toujours la clarté.

Qu'est-ce que vous pouvez espérer de personnes qui ne comprennent pas ce que vous exposez et ce que vous voulez ? c'est simple : rien. Vous détruisez vos chances dès le début et elles ne feront pas l'effort de chercher à comprendre.

Parlez simplement, sans détour, et allez droit au but.

Evitez de faire faire un effort à ceux qui vous écoutent

Si on doit faire un effort constant pour entendre ce que vous avez à dire, alors les chances que votre message passe sont réduites à néant.

Si vous parlez trop fort au point de crier, les oreilles de votre auditoire vont rapidement se fatiguer et elle va se sentir mal à l'aise, ce qui ne vous aidera en rien.

Si au contraire vous êtes à peine audible, même chose : vous allez perdre rapidement l'attention et l'intérêt de votre auditoire.

Avant de parler, assurez-vous que tout le monde entend bien et convenablement.

Ne parlez pas trop vite au risque que certaines personnes perdent le « fil », mais ne parlez pas aussi trop lentement, au risque « d'endormir » votre auditoire. Restez dynamique, mais pas en rythme accéléré.

Préparez bien vos discours, entraînez-vous bien (surtout si vous ne contrôlez pas suffisamment votre trac) et détendez-vous, soyez relax. Après tout, ce n'est pas un mauvais moment à passer !

Les émotions positives

Déclenchez des émotions positives dans vos conversations : comme le rire, la joie, l'enthousiasme.

Les émotions sont très puissantes, et elles peuvent faciliter et accélérer les choses : si votre idée ou votre proposition est accueillie avec enthousiasme, vous n'aurez même plus à convaincre qui que ce soit !

Les gens assimilent mieux quand ils sont dans un état émotionnel. Ils sont plus enclins à l'action.

Invitez votre audience à utiliser leur imagination : à imaginer ce qu'elle peut avoir. Soyez vous-même enthousiaste et vous transmettrez cet enthousiasme à ceux qui vous écoutent.

Attention, évitez les émotions négatives comme la colère ou la tristesse, parce que vous risquez de perdre le contrôle !

Du spectacle et de l'action !

Parler, c'est bien, mais vous pouvez renforcer votre message de plusieurs manières.

Exprimez-vous tout en faisant des gestes avec la main ou même le corps entier. Dessinez ou décrivez des choses avec vos mains et vos doigts, mimez les scènes, mettez de l'énergie avec votre discours !

En agissant ainsi, vous faites preuve de dynamisme, vous captivez l'auditoire (qui ne risque vraiment pas de s'ennuyer !) et vous rendez votre message plus percutant. Vous montrez que vous croyez vraiment à ce que vous dites.

Plusieurs outils sont aussi à votre disposition, utilisez-les ! : tableau blanc, vidéoprojecteur, écran géant, …

Invitez des personnes à témoigner quand c'est possible, ou invitez l'audience à agir, à faire quelque chose (si par exemple, vous voulez convaincre à groupe à pratiquer une nouvelle activité, invitez chaque personne a essayer).

Un vendeur de voiture (encore un exemple) ne se contente pas d'exposer ses arguments : il invite le client à monter à bord et à tourner le contact.

Les mots, c'est bien et c'est utile, mais renforcez-les par tous les moyens qui sont à votre portée.

TROUVEZ UN INTÉRÊT À VOUS SUIVRE

L'art de convaincre n'est pas compliqué, il suffit juste de répondre à la question :
«Qu'est-ce que les autres gagnent à accepter mon idée ou ma proposition ?»

Si on refuse votre proposition, c'est qu'on n'y trouve pas un intérêt suffisant pour l'accepter, ou que cela représente un risque qu'on n'est pas prêt à courir.

S'il y a un risque qui rebute, démontrez que le risque vaut la peine d'être couru en comparaison avec les avantages dont on pourra bénéficier.

Vous pouvez aussi ne pas avoir exposé suffisamment tous les points de votre proposition ou que certains points sont mal compris.

Tout le monde ne recherche pas aussi les mêmes choses et n'a pas les mêmes priorités. C'est pourquoi vous devez connaître autant que possible les personnes avec lesquelles vous discutez.

Ajustez continuellement votre proposition en fonction de la motivation et des intérêts de votre audience.

POUR CONCLURE

Toute discussion, conversation ou échange avec laquelle vous n'avez pas obtenu les résultats que vous voulez participe toujours à consolider votre expérience et à vous rapprocher d'une parfaite assimilation de la maîtrise parfaite de l'art de la discussion et de la négociation.

Les principes exposés dans ce livre sont simples, mais demandent du temps pour que vous les assimiliez parfaitement et qu'ils deviennent une « seconde nature » pour vous.

C'est pourquoi la pratique est importante. Les meilleurs orateurs ne le sont pas devenus d'un coup, c'est toujours à force de travail et d'expérience qu'ils ont progressivement acquis la maîtrise du sujet.

Mais tout le monde peut y arriver.

Le « savoir parler » n'est pas un apprentissage mais vraiment une nouvelle façon de vivre et de communiquer. Vous ne verrez plus les choses de la même façon et vous ne réagirez plus de la même façon qu'avant : vous verrez les choses devenir plus faciles et il vous est plus aisé d'obtenir ce que vous voulez.

Les mots peuvent vraiment vous ouvrir toutes les portes, une fois que vous avez acquis leur maîtrise. Si vous voulez réussir dans la vie, c'est une compétence indispensable.

Enfin, cet ouvrage ne cerne sûrement pas tout ce qu'on peut dire sur le sujet, mais je crois qu'il vous a apporté suffisamment pour entamer votre chemin vers le succès.

Si ce livre ne vous a pas apporté un minimum de satisfaction, vous pouvez en demander le remboursement à Amazon.

Par contre, si vous l'avez aimé, j'apprécierais beaucoup votre évaluation ainsi qu'un petit mot à propos du livre venant de votre part sur le site d'Amazon.

A votre réussite,

Amicalement,

                Nary Andrian

    Ce livre vous a plu ? trouvez d'autres livres intéressants sur
                    la page Facebook :
              Facebook.com/deslivrespourvous

www.ingramcontent.com/pod-product-compliance
Lightning Source LLC
Chambersburg PA
CBHW020948180526
45163CB00012B/2406